AF305581

LES
JEUX DE L'ENFANCE

SCÈNES

ET

HISTORIETTES ENFANTINES

PAR

EUGÈNE HOUX-MARC

PARIS

AMÉDÉE BÉDELET, LIBRAIRE-ÉDITEUR,

20, RUE DES GRANDS-AUGUSTINS.

Une petite famille, réunie dans un parc pittoresque, formait le plus délicieux tableau.

Une jeune fille, quittant des yeux son ouvrage de tapisserie, les jetait avec plaisir sur un petit garçon qui menait joyeusement une petite brouette remplie de cailloux, pendant qu'un autre, assis sur un tertre de gazon, savourait avec délices une tartine de confitures qui barbouillait ses lèvres. Un peu plus loin, une petite fille coiffait de son bonnet la tête d'un chien docile, tandis que, vis-à-vis, une autre aimable enfant, guettant les papillons qui voltigeaient sur les plantes aux larges feuilles, étendait naïvement la main pour les saisir.

Au milieu de ce groupe se tenait debout un homme encore jeune, lisant son journal, plaisir moins séduisant que celui de ces jeunes enfants, qui étaient les siens. Ayant perdu sa femme de bonne heure, et ses occupations l'empêchant toujours de les surveiller, M. Dorville avait acheté cette campagne dans l'intérêt de leur santé et de leurs plaisirs. La santé venait les y trouver sans se faire prier, et les plaisirs n'y manquaient pas.

La jeune personne la plus grande de cet essaim folâtre s'appelait Eugénie ; d'un caractère extrêmement raisonnable, elle servait de mère à la petite famille et présidait à ses jeux. Le petit garçon à la brouette, Lucien, la secondait de son mieux dans ce dernier exercice ; son frère, l'amateur de la confiture rosée comme sa figure, s'appelait Anatole; doué d'un goût extrême- ment prononcé pour les bonnes choses... sur- tout quand elles étaient nombreuses, il étendait chaque jour cette disposition.

L'aimable enfant qui coiffait le chien se nom- mait Pauline; l'autre était une amie intime de la famille, et elle ne demandait qu'à grandir pour avoir l'apparence d'une personne. Elle se nommait Émilie.

Tels étaient les principaux caractères de cette charmante famille et ses occupations pendant que de bons petits amis et amies venus pour partager leurs jeux dans la belle saison étaient allés faire quelques excursions dans le voisi- nage.

Le château était surnommé par eux le beau Château ou le Château des plaisirs, à cause de ceux qu'ils y trouvaient. Espérons que la suite prouvera qu'ils avaient raison, et en fournira quelques-uns à nos petits lecteurs.

1.

LES QUATRE COINS.

Quand les cailloux de Lucien furent voiturés suffisamment, qu'Anatole eut fait disparaître sa tartine de confitures et approprié ses petits doigts en léchant leur extrémité avec le bout de sa langue, Eugénie laissa son ouvrage, et rassembla autour d'elle la petite société pour tenir conseil fraternel sur le jeu qu'on allait choisir en attendant le retour des amis, impatiemment désirés.

Comme la société se composait de cinq personnes, ou du moins comme l'amour-propre de chacun lui permettait de se compter pour une personne, ce nombre donnait la faculté de jouer aux quatre coins.

Chacun s'empara d'un arbre, à l'exception d'Anatole, qui fut posé au milieu du carré pour tâcher de saisir la place des joueurs qui tenteraient d'échanger les leurs entre eux. Anatole

LES QUATRE COINS.

remplissait donc la noble fonction de *pot de chambre*, terme usité dans ce jeu, et que nous ne pouvons omettre dans une relation aussi sérieuse, mais que nous ne répéterons pas, à cause de son peu de distinction.

Anatole, remplissant son rôle, avançait à droite ou à gauche, tâchant de saisir, au milieu des ris et des gambades des joueurs, la place qui lui semblait facile à conquérir; mais en vain! la place, un instant inoccupée, se remplissait à son approche. Anatole ne donnait pas assez d'agilité à ses petites jambes, ou ses petites jambes étaient trop courtes.

Il y eut un moment où la place de Lucien resta vide; Anatole s'y précipita tête baissée. Mais à ce même instant Lucien revenait reprendre cette même place, n'ayant pas trouvé vacante celle d'Eugénie, comme il l'espérait; alors Lucien et Anatole, penchés chacun dans leur course, se trouvèrent face à face... On jeta un cri d'épouvante... L'un des deux était peut-

être tombé ou brisé dans sa chute. Non! non!…
Lucien et Anatole, en bons frères, s'étant effleu-
rés par un heureux hasard, n'avaient fait que
s'embrasser… Heureux gage d'amitié que l'on
venait de renouveler, mais que la précipitation
aurait pu rendre funeste.

Comme on craignait de voir recommencer
cet incident, qui aurait pu devenir un accident,
on passa à un autre jeu.

LE PIED DE BŒUF.

LE PIED DE BŒUF.

Pour se reposer, Eugénie proposa de jouer au pied de bœuf, et s'offrit comme point d'appui. Les mains de la petite société se plaçaient les unes sur les autres alternativement et formaient une charmante pyramide de petits doigts. La personne dont la main était dessous la retirait en la plaçant au sommet et comptait une; la suivante en faisait autant et comptait deux, et ainsi de suite jusqu'au nombre neuf, signal de retraite, moment où il fallait déployer tous ses moyens d'agilité pour ne pas être saisi par la personne numéro neuf, qui disait : « Je tiens mon pied de bœuf » en attrapant la main la plus paresseuse, et lui faisait payer un gage.

Anatole, qui comptait assez bien, hors les friandises, qu'il avalait sans compter; le brave Anatole, qui sentait arriver et lui échoir le fa-

meux nombre neuf, eut recours, pour le pro-
clamer et saisir une main en retard, à la précipitation dont il faisait preuve dans ses goûts favoris, et, levant sa main avec toute la vigueur
dont il était capable, il la fit tomber comme un
vrai pied de bœuf sur l'assemblage des petites
mains; mais, ô douleur! quand il arriva sur le
groupe, une main seule était en retard : et cette
main... c'était la sienne, sa pauvre main gauche,
que, dans sa combinaison imparfaite et dans sa
précipitation, il avait oubliée au milieu du petit
paquet... Elle devint aussi rouge que la figure
d'Anatole le fut de stupéfaction. Cet incident
servit à lui apprendre que la ruse retombe souvent sur son auteur, et lui fit jurer, mais un
peu tard, qu'on ne l'y reprendrait... ou plutôt
qu'il ne s'y reprendrait plus!

COLIN-MAILLARD.

LE COLIN MAILLARD.

Le lendemain, quelques-uns et quelques-unes des amis et amies étant arrivés, comme on se trouvait en plus grand nombre, on proposa de jouer au colin-maillard. Pour savoir qui *le serait*, terme employé dans tous les jeux pour désigner la personne qui cherche, Anatole, qui avait l'habitude fort peu convenable de sucer le bout de ses doigts, surtout lorsqu'il avait mangé des confitures, Anatole voulut qu'on tirât au doigt mouillé, et Lucien fut désigné par le sort. On lui banda les yeux, et il devait tâcher de saisir une des personnes de la société.

On joua auprès des plates-bandes du jardin, entourées de poteaux et de grillages peints en vert.

Lucien, les yeux bandés, les mains en avant, cherchait... Il arriva près du grillage.

« *Casse-cou !* et gare le pot au noir ! » lui

cria-t-on. C'est l'avertissement convenu lors-qu'on arrive près d'un obstacle.

« Comment! poteau noir? répondit Lucien en faisant un affreux jeu de mots ou calembour; ici les poteaux sont tout verts.

— Comment! sont ouverts? répliqua Ana-tole, qui, en ce moment, ouvrait la porte de la barrière verte pour s'y réfugier; tu y vois donc? »

Afin de s'en assurer, il se glissa à quatre pat-tes, pour examiner si le bandeau était bien serré.

« Non, je n'y vois pas, reprit Lucien; mais tu dis que mes yeux sont tout verts comme les poteaux; or, mes yeux ne sont nullement verts, à moins que tu ne me compares à un chat. . Mais je te vois venir.

— Alors, si tu me vois venir, c'est que tu y vois.

— Non, je n'y vois pas.

— C'est bon! j'en serai sûr tout à l'heure. » Puis Anatole s'éclipsa pour un moment.

Pendant que les autres continuaient le jeu, Anatole était allé au fond du jardin ; il en revint bientôt avec un énorme bâton. Il chercha à le glisser par derrière dans la poche de l'habit de Lucien. Après bien des tentatives, il finit par y réussir ; mais à peine Lucien eut-il senti ce lourd fardeau, qu'il se retourna promptement pour s'en débarrasser. Ce mouvement circulaire donna au bâton une position horizontale. Anatole, qui était tout près, reçut sur le nez un avertissement si désagréable, qu'il y porta les mains, croyant qu'il n'était plus à sa place, tant la douleur était vive ; le nez n'était pas disparu, c'était quelque chose pour Anatole ; mais, ce qui était mieux encore, c'est qu'il apprit à ses dépens qu'il faut éviter les mauvaises plaisanteries, et qu'en ce genre les plus clairvoyants sont quelquefois les plus attrapés.

LES BULLES DE SAVON.

On alla chercher du linge pour panser le pauvre Anatole, qui en avait grand besoin.

Quand le désordre fut réparé, Anatole, qui oubliait facilement ses mésaventures, s'écria tout à coup : « Il me vient une idée !

— C'est quelque chose, dit Lucien.

— Oui, reprit Anatole, qui était emporté par l'ardeur du jeu ; je propose de jouer aux bulles de savon ; je vais chercher des chalumeaux. » Il courut à la cuisine, et revint promptement avec des fétus de paille qu'il fendit en quatre, les trempa dans l'écume du savon ; puis, les présentant à Lucien : « Tiens, lui dit-il, souffle, et tu vas voir. » Effectivement Lucien souffla, et fit paraître une bulle brillante, qui, aux rayons du soleil, paraissait teinte de diverses couleurs. « Allons, soufflez aussi, dit Anatole à toute la société ; moi, de mon côté, je vais agiter

LES BULLES DE SAVON.

l'air en dessous avec le chapeau de Lucien. »

Disons-le en secret, Anatole avait ses projets : le chapeau de Lucien était rempli de belles prunes qu'on lui avait données pour son déjeuner. A mesure que les yeux s'élevaient en l'air et que les bouches soufflaient, les bulles montaient. mais aussi une prune montait du chapeau de Lucien dans la bouche d'Anatole et descendait dans son estomac : là, comme la bulle dans l'air, elle s'éteignait pour ne plus reparaître ; autant de bulles, autant de prunes.

Déjà une douzaine de bulles s'étaient élevées, et par conséquent presque un demi-quarteron de prunes s'étaient embarquées dans les détroits du gosier d'Anatole, lorsqu'une des plus belles bulles qu'on eût vues jusqu'alors excita l'admiration de la société... « Ah ! qu'elle est belle ! disait Eugénie... — Ah ! qu'elle est bonne ! disait Anatole en avalant une des plus grosses prunes... — Ah ! qu'elle est belle ! disait Pauline... ah ! qu'elle est... crevée ! » dit-elle tout à coup. Effectivement, la bulle de savon s'était éteinte sur un œil de la pauvrette.

Au même moment, la grosse prune s'était éteinte dans l'estomac d'Anatole, et, pendant que tout le monde s'empressait autour de la pauvre aveuglée, Anatole profita de cet aveuglement pour vider le chapeau et achever de remplir son estomac.

PIGEON - VOLE.

On ne s'aperçut pas tout de suite de l'absence d'Anatole ; mais on s'aperçut promptement de la disparition des prunes. Lucien, voulant mettre son chapeau, put le faire sans difficulté ; il comprit quel avait été l'auteur de cet avantage.

On proposa de jouer à pigeon vole, qui consiste à lever les doigts quand un des joueurs nomme les êtres qui volent, comme le dindon, le pigeon, etc., et à les tenir baissés quand il nomme ceux qui ne volent pas, comme le poisson, une maison ; ceux qui se trompent donnent un gage.

On commença : bientôt Anatole arriva à pas de loup, terminant sa digestion, et vint les mains derrière le dos, comme un triomphateur connu, assister à ce nouvel exercice.

Eugénie, qui présidait, dit : « Hanneton vole. »

Tous les petits doigts se levèrent.

« Maison vole. »

Pauline seule leva la main.

« Un gage ! » dit-on de toutes parts. Elle le donna, et Eugénie recommença : « Papillon vole, Anatole vole. »

Lucien leva le doigt à ce dernier mot.

« Un gage ! cria Anatole, qui se fit ainsi connaître. — Pourquoi ? dit Lucien. — Dame, est-ce que j'ai des ailes ? reprit Anatole. — Oui, dit Eugénie, tu en as. — Où donc? — Dans ton nom. — C'est possible; mais cela ne fait pas que je vole. — Non, ce n'est pas cela qui t'y force, mais tu voles tout de même. — Vous voulez me faire passer pour une bête. — Non, ce n'est pas l'intelligence qui te manque, et c'est pour cela que tu as le plus grand tort. — Ce serait curieux de me voir voler, reprit Anatole ; m'avez-vous vu? — Non, on ne t'a pas vu, reprit Eugénie, car, si on t'avait vu, on t'en aurait empêché; mais on l'a su. — Des preuves! demanda vic-

torieusement Anatole. — Tu les as avalées ; où sont mes prunes ? reprit Lucien. — Ah ! reprit Anatole embarrassé, c'est ça que tu appelles...
— Voler ! dit Lucien, c'est le mot. Ah ! si je n'étais pas ton frère ; mais...—Tu es bon frère, dit Eugénie, qui craignait des suites fâcheuses. Allons, embrassez-vous, et pas de rancune. — Soit ! dit Lucien ; mais prends garde, Anatole, les méchants sont toujours punis. »

On s'embrassa ; Anatole soutint toujours qu'il n'était pas coupable, quoique les prunes lui pesassent sur la conscience, et surtout sur l'estomac.

Lucien, pour toute réplique, lui répéta encore ce qu'il venait de dire, que les méchants étaient toujours punis.

LA MAIN CHAUDE.

Après cet incident, on résolut de jouer à la main chaude.

Eugénie, faisant le rôle de confesseur, selon le terme usité, servit d'appui à la petite tête de Pauline. Pauline, ainsi privée de la vue, et la main étendue derrière son dos, devait deviner quelle était la personne qui viendrait y frapper un coup.

Toute la compagnie frappa légèrement tour à tour, comme on fait entre gens de bon ton. et sans que Pauline devinât juste.

Anatole, qui était toujours pour les moyens à effet, méditait encore quelque malice, et n'en trouvait pas pour le moment. Agissant encore comme il l'avait fait au jeu du pied de bœuf, mais, cette fois, pensant bien ne pas se punir lui-même, puisque sa main n'était pas au

LA MAIN - CHAUDE.

jeu, Anatole vint apporter sa touche vigoureuse à la petite menotte de Pauline.

Pour ne pas être trahi, il saisit le moment où tous les yeux étaient fixés sur un beau panier de fruits apportés à la compagnie pour la régaler après le jeu; panier mis à l'ombre, et, pour cause, à l'écart des approches de sire Anatole. Or, profitant de la distraction causée par l'aspect enchanteur de ce tableau, Anatole, comme nous l'avons dit, frappa vigoureusement la petite Pauline. Il y eut pour lui un petit moment de grimace; nous saurons pourquoi tout à l'heure; mais, pour le moment, disons qu'il la réprima de peur de se trahir.

Pauline s'était retournée promptement.

« C'est Anatole, dit-elle, qui vient de frapper; on a frappé assez fort pour que ce soit lui.

— Moi? dit Anatole d'un air tout étonné.

— Oui, c'est toi, Anatole.

— Allons donc! dit Anatole, qui avait envie de regarder sa main par un secret motif, mais la cachait derrière lui : allons donc ! comment cela ? »

Pendant ce temps, Pauline avait considéré sa petite main, qui avait été vigoureusement frappée.

« Voyons, Anatole, dit-elle en s'approchant de lui, montre-nous ta main. »

Anatole résistait ; mais toute la société étant de l'avis de Pauline, il fut forcé de montrer sa main.

Or, elle avait des taches de prunes, ce qui prouvait que M. Anatole n'avait pas lavé ses mains, chose très-peu convenable d'abord, et qui ensuite trahissait le larcin des prunes. Mais comment cette soustraction déloyale avait-elle fait reconnaître le coupable du coup frappé ? Le raisonnement de Pauline avait été celui-ci : sa main, à elle, portant des traces de prunes, par suite, lui avait fait présumer que l'auteur de ce coup violent était un consommateur de fruits ; Anatole étant un grand consommateur de ce genre, Anatole devait être le coupable. Pauline avait raisonné juste ; Anatole, confondu, avoua ses deux fautes. Ce qui le piquait le plus en ce moment, c'est qu'en mesurant mal son coup sa main, déviant un peu, avait rencontré une épingle à la ceinture de Pauline, laquelle épingle avait commencé à le piquer déjà assez désagréablement, et finissait par lui occasionner les grimaces qu'il cherchait à dissimuler; mais sa dissimulation était inutile, comme on le voit, et Anatole était puni, comme le lui avait prédit son frère Lucien.

CACHE-CACHE.

Le lendemain, on résolut de jouer à cache-cache, c'est-à-dire que les joueurs se cacheraient de leur mieux pendant qu'un autre les chercherait : la personne trouvée chercherait à son tour. Pauline devait chercher. Anatole connaissait les bons endroits, ayant été souvent dans la nécessité de se dérober aux reproches, et, en outre, pour d'autres motifs que nous expliquerons. Il se rappela que le potager possédait certain buisson, lequel buisson avait une ouverture renfermant une assez grande cavité : agrandir l'entrée, soulever la masse de verdure et se tapir sous ce dôme de feuillage, fut pour Anatole aussi vite exécuté que pensé.

Disons pourquoi Anatole connaissait parfaitement cet endroit D'abord, c'est parce qu'il était situé dans le potager, et qu'il appréciait singulièrement le potager... à cause de ses

CACHE - CACHE.

fruits ; en outre, parce que cet endroit servait à deux fins : à recevoir les œufs qu'y venaient pondre les poules craintives, et à recevoir également Anatole lorsqu'il venait les déguster en les piquant à une extrémité avec la pointe d'une épingle. Anatole, pour qui beaucoup de choses étaient bonnes, trouvait ce mets aussi simple qu'agréable. Aussi, Eugénie, qui avait la direction de la maison, s'étonnait-elle de voir les poules produire très-peu d'œufs ; elle comptait sans l'estomac d'Anatole, qui mettait obstacle à la production des petits poulets. Anatole aimait aussi beaucoup les petits poulets… surtout à la broche, et, en laissant éclore les œufs, il aurait eu de quoi satisfaire ses goûts favoris ; mais il n'avait pas la patience d'attendre.

Ce fut dans cet endroit, agréable sous ces différents aspects, qu'Anatole se cacha. Aux approches de Pauline, il se faisait plus petit, resserrant sur lui le massif de verdure, se piquant un peu les oreilles aux épines qui l'entouraient :

mais l'amour-propre de ne pas être découvert lui faisait oublier ses blessures.

Enfin Pauline, ne le trouvant pas, s'éloigna. Un des joueurs fut pris. Anatole voulut sortir de sa cachette, mais ce fut chose bien difficile. Les épines entrelacées ne voulaient plus s'écarter ; il appela à son secours, et, lorsqu'on vint à lui, on le vit enfin sortir couvert de confusion, les habits en désordre, la figure égratignée, les cheveux arrachés, ressemblant à un voleur, aspect fort désagréable, mais qui convenait un peu à ses habitudes. Tout le monde se mit à rire, et Anatole apprit encore une fois à ses dépens que tôt ou tard le mal est toujours puni.

CACHE-TAMPON.

CACHE-TAMPON ou CACHE-CACHE NICOLAS ou MITOULAS.

Comme on apprécia, et Anatole plus *vivement* que tout autre, le danger des épines, ce dernier, après avoir pansé ses égratignures, proposa de jouer à un jeu moins dangereux. Alors on choisit cache-tampon, ou cache-cache Nicolas ou Mitoulas, ou bien, en renversant les syllabes, chercher où l'as-tu mis ; en un mot, chercher un objet bien caché et le découvrir. Quand le chercheur s'approchait de l'objet, la compagnie devait crier selon l'usage : « Il brûle ! il brûle ! » pour donner de l'espoir au chercheur, et renouveler l'ardeur dont il brûlait dans ses recherches.

Anatole, voulant réparer les mésaventures que son esprit aventureux lui avait causées, et sauver par un grand triomphe son amour-propre compromis, proposa de *l'être*, c'est-à-dire de chercher.

Pour ne pas voir, Anatole se retourna pendant qu'on alla cacher l'objet. Après quelques minutes, le tampon, car très-souvent on se sert d'un mouchoir roulé en tampon pour cet exercice, le tampon, disons-nous, avait été porté très-loin; Anatole eut la permission de se retourner et de marcher à la découverte de l'objet... A peine eut-il fait deux ou trois pas, que, de toutes parts, on se fit un signe imperceptible, et toute la société cria à tue-tête : « Il brûle ! il brûle !...

— J'ai du bonheur, pensa Anatole, ou plutôt, comme je suis subtil ! » lui souffla intérieurement son amour-propre.

Il tourna à droite, les cris recommencèrent; puis à gauche; les mots : « Il brûle! il brûle! » furent répétés avec le plus grand ensemble et la plus grande ardeur.

En marchant toujours, il approchait des cuisines du château ; les cris redoublant toujours au milieu des éclats de rire, Anatole pensa que le tampon devait être caché dans la cuisine.

Il y entra ; là un grand feu petillant était allumé, la broche en tournant faisait rôtir un énorme dindon. Les mots : « Il brûle ! il brûle ! » devinrent alors si flamboyants, qu'Anatole crut d'abord que c'était le dindon qui brûlait ; mais, s'apercevant au contraire que le dindon exhibait une superbe couleur dorée, il pensa que ce n'était pas à cet animal que s'adressaient ces cris furibonds ; il fit un retour sur lui-même, et, comme tous les yeux étaient fixés sur sa poche, il y porta la main avec inquiétude, tant les cris : « Il brûle ! » avaient redoublé. Mais, sentant sa poche excessivement enflée, il y continua ses investigations ; il en retira... ô surprise ! le tampon tant cherché, qu'il avait toujours porté sur lui dans tout le cours de sa promenade.

Il comprit alors pourquoi il n'avait cessé de brûler, et comment le dindon qui rôtissait au feu avait trouvé un confrère au dehors.

LA CORDE.

Il y eut quelques jours de solitude au château ; les petits amis de la famille furent obligés de s'absenter pour faire quelques voyages dans les environs.

Pendant cette absence, Eugénie, un matin, prenant une corde, vint dans le jardin.

Là, usant de l'adresse dont la nature l'avait douée, elle en profita pour exécuter, en faisant tourner rapidement la corde, les pas de danse les plus gracieux ; l'histoire dit même que quelques pas de polka ne furent pas oubliés ; ensuite elle passa aux doubles et aux triples, c'est-à-dire que, chaque fois qu'elle s'élevait de terre, la corde tournait deux ou trois fois.

Pendant ce temps, Lucien, avec Émilie, prenant une corde plus grande, firent sauter Pauline à la corde en long. Pauline était aussi très-légère quand elle voulait, quoiqu'on la

LA CORDE.

comparât à un de ces petits pâtés qui, de leur nature, sont assez lourds. Je donne cet avis aux petits amateurs.

Pauline avait assez d'amour-propre, et, voulant rivaliser de moyens avec Eugénie, elle demanda du *vinaigre,* c'est-à-dire qu'on fît aller la corde plus vite. Lucien s'y prêta avec beaucoup de complaisance, aidé d'Émilie, qui risquait une courbature, tant elle y mettait d'activité, lorsque peu à peu Pauline, finissant par se fatiguer et redoublant cependant d'amour-propre, sentit ses petites jambes faillir, s'affaisser. La corde tournait toujours, et ses petits pieds ne s'élevant plus assez haut, en furent frappés, puis entortillés à l'improviste, et Pauline tomba sur le sable en jetant les hauts cris.

Anatole, qui essayait de son côté à faire, en sautant avec la corde, des croix de chevalier, et n'aboutissait qu'à se frapper régulièrement la poitrine, Anatole accourut apporter du secours à Pauline, et, en la relevant et la consolant, aidé de ses frères et sœurs, il saisit cette occasion pour lui réciter quelques préceptes de morale qu'il avait appris par cœur, et qui avaient rapport aux dangers de l'ambition et aux suites de l'amour-propre, préceptes qu'il mettait rarement en pratique, comme nous savons, ce qui ne l'empêchait pas d'avoir du bon dans le caractère.

LE CERCEAU.

Le lendemain, pour distraire ses enfants, comme disait gaiement Eugénie, elle proposa de jouer au cerceau. Pauline accepta avec joie, car elle savait très-bien conduire ce jouet et lui faire faire de capricieux détours sans le laisser tomber.

Anatole n'avait garde non plus de refuser: il était très-fort à ce jeu, et se servait même de cerceau en guise de corde pour sauter.

Lucien, lui, l'employait autrement : armé d'un petit fouet, il présentait le cerceau à un petit ami dont j'ai oublié de vous reparler, ce qui est fort mal, attendu que l'on ne doit jamais oublier ses amis, et que celui-là était vraiment digne de ce nom. Lucien était aussi ingrat que moi; car, entraîné par l'ardeur du jeu, et peut-être aussi à cause de la présence des nombreux visiteurs, il avait relégué cet ami dans sa niche... Or, pour ne pas vous en faire une, chers lecteurs, je vous dirai que cet ami était un chien, et que ce chien était M. Médor, que vous avez vu, en commençant cette histoire, souffrir patiemment sur ses oreilles le bonnet de mademoiselle Pauline ; M. Médor, qui était le rival d'Anatole en fait de gourmandise et d'adresse, et l'emportait même, je crois, sur Anatole sous le premier rapport. Lucien donc, armé de son petit fouet, faisait passer Médor au milieu du cerceau, le fouettant quand il s'en acquittait mal, et lui donnant un morceau de sucre quand il réussissait ; car il faut toujours récompenser le talent quand il ne peut se récompenser lui-même. Disons-le tout de suite : le sucre avait de grandes qualités pour développer celles de Médor.

Anatole, de temps en temps, se chargeait aussi de l'éducation de Médor, à cette différence près, qu'armé du fouet dans la main gauche et prenant le sucre dans la main droite, il agitait de la main gauche le fouet sur le pauvre Médor et avalait, pour son propre compte, le contenu de la main droite. Aussi Médor aimait-il mieux l'éducation donnée par Lucien que celle mise en pratique par Anatole.

Car Médor y perdait beaucoup ainsi qu'Eugénie, qui, depuis quelque temps, s'apercevant de la rapide consommation du sucre, accusait Médor, et, dans son intérêt, avait conseillé de le soumettre à un régime rafraîchissant.

LA DINETTE.

L'exercice excitant la soif et l'appétit de tout le monde, y compris Médor, Eugénie et Lucien coururent chercher des poires et des pommes d'api. Anatole, de son côté, résolut d'aller chercher du biscuit à l'office. Comme il était assez paresseux, il avait envie d'envoyer Médor, qui rapportait très-bien; mais, pensant que ce serait dangereux pour Médor, ou plutôt pour le plat de friandises, il préféra y aller lui-même, par intérêt pour la société. Seulement, quand il revint, les deux douzaines qu'on lui avait données s'étaient, chemin faisant, changées en une seule douzaine et demie.

Quand les provisions furent terminées, on convint de faire la dînette; on retourna donc chercher des cuillers, des fourchettes, des couteaux, des assiettes, des serviettes, etc., un atti-

LA DINETTE.

rail considérable pour manger les fruits et les biscuits.

La table étant mise, Pauline proposa d'aller chercher Mimi, parce que c'était une personne très-sage.

Or, je vous dirai confidentiellement que mademoiselle Mimi était sa poupée, poupée du reste fort bien élevée. Anatole prétendit qu'elle n'avait pas de conversation, ce qui était ennuyeux au milieu d'un diner. Pauline démontrant, d'un autre côté, qu'elle ne disait jamais de mal des absents, comme faisait Anatole, alla la chercher et revint l'asseoir gravement.

Pour rendre hommage à la vérité, il faut dire qu'elle se tint fort bien à table, droite sur sa chaise, sans gesticuler et faire de grimaces, comme les enfants mal élevés ; elle mangea fort peu ou plutôt ne mangea pas du tout, ne joua pas avec sa fourchette et son couteau, et ne médit pas de ses voisins.

Comme elle était bien sage, on résolut de la

récompenser en allant lui chercher un peu de confitures; dans le cas où elle n'en voudrait pas, la confiture appartiendrait à la personne qui la lui aurait offerte.

A cette ingénieuse et généreuse proposition, tout le monde se précipita, ou plutôt se culbuta pour arriver à l'office... Anatole en tête.

Pendant ce temps, un convive, qui n'était point invité et qui s'était tenu à l'écart jusqu'alors, se présenta sans prévenir personne, et, faisant rafle sur l'assiette aux biscuits, en croqua la plus grande partie et emporta le reste pour le savourer à son aise, à l'écart, sans inquiétude.

Ce convive, c'était Médor, qui, comme Anatole, professait un grand goût pour les bons morceaux, et, comme lui, tâchait de ne pas les partager.

LA POUPÉE.

Quand on revint, on s'aperçut promptement… mais un peu tard… qu'il n'y avait plus que des fragments de pommes. On comprit de suite quel était l'auteur du tour : ce ne pouvait être Anatole… puisqu'il n'était pas là.

Quand ce dernier arriva, il gourmanda très-sévèrement la poupée de ce qu'elle n'avait pas mieux défendu les intérêts de la société. Pauline fit remarquer que Mimi n'était pas assez forte pour résister à l'agression de Médor ; aussi Mimi ne répondit-elle rien à Anatole sur ses reproches immérités.

Anatole, pour se venger de Médor, jura qu'il allait le chercher et le ramener pieds et poings liés.

Au bout de quelques minutes, il revint avec Médor ; il l'avait trouvé terminant tranquillement son repas dans un massif, sans s'inquiéter de la privation imposée à la société. De son côté, Pauline avait été chercher Miminette, la petite-fille de Mimi. En même temps que l'on aidait cette dernière à se promener majestueusement à pied pour faire sa digestion, Miminette, aidée d'Anatole, était montée sur le dos de Médor, transformé en coursier, pendant que Lucien, armé du fouet, en excitait l'ardeur. La petite Miminette fit ainsi une promenade équestre autour du parc, sans que Mimi, sa bonne-maman, témoignât par ses regards la moindre inquiétude, ne changeant nullement de physionomie, et prouvant ainsi la grande confiance qu'elle avait en ses petits amis.

Quand Mimi et Miminette se furent un peu promenées, Anatole et Pauline, craignant qu'elles ne fussent ennuyées ou fatiguées, ou peut-être étant fatigués eux-mêmes, décidèrent qu'on allait les envoyer coucher.

LA QUEUE LEU-LEU.

Au bout de plusieurs jours, les petits amis, étant revenus, furent reçus avec d'autant plus de satisfaction que leur absence avait empêché bien des jeux ; aussi leur arrivée fut-elle fêtée avec enthousiasme.

Pour la célébrer dignement, on convint de jouer à la queue leu leu ou à la queue du loup, jeu fondé sur ce principe que tout animal a un grand intérêt à défendre sa queue. Dans l'exercice suivant, la biche défend la sienne contre les tentatives du loup, qui prétend la croquer.

Comme il fallait une biche un peu vigoureuse, Lucien, remplissant ce rôle, fit placer derrière lui en se tenant les uns aux autres, soit par les robes, soit par les habits, la file des joueurs et des joueuses. Un grand ami de la maison, un jeune homme d'un mètre de haut, qu'on appelait Ernest, se chargea du rôle du loup. Il chercha donc à saisir la queue de la biche, autrement dit de Lucien, pendant que Lucien, étendant les bras, défendait son extrémité. Après quelques évolutions, Anatole, qui formait le petit bout de la queue de Lucien, fut saisi par monsieur le loup, qui, n'en ayant pas encore, tenait essentiellement à s'en faire une ou au moins un commencement, si petit qu'il fût. Enfin, après plusieurs tours et après s'être bien débattu, toute la queue de la biche devint la queue du loup.

LE FURET.

LE FURET.

On allait recommencer la queue leu leu, lorsque toutes les demoiselles de la société, étant
fatiguées, demandèrent un jeu qui permettrait
de s'asseoir. Les messieurs, en galants cheva-
liers, allèrent chercher de petits tabourets. Je
dis des petits, parce qu'il faut se mettre à la
hauteur des moyens et ne flatter personne, ces
dames n'étant pas encore parvenues à la plus
haute taille que la nature leur permettait
d'espérer. On s'assit sur les tabourets disposés
en cercle, tandis que les messieurs, à l'écart,
laissant le jeu aux demoiselles, conversaient
d'une manière très-sérieuse sur la manière de
jouer au bilboquet ou de manger les petits pâtés... Ces dames tenaient entre les doigts un ruban circulaire dans lequel était passé un anneau
qu'on devait faire voyager *incognito*, c'est-à-dire

secrètement, sous les mains, de manière à ce qu'on ne pût voir en laquelle de ces mains il se trouvait. Lorsqu'on devinait, la personne devinée devenait à son tour le patient ou la patiente. On accompagnait le voyage de l'anneau en chantant en chœur : « Il a passé par ici... le furet du bois, mesdames ; il a passé par ici, le furet du bois joli, » etc.

Anatole, qui aimait toujours les jeux dans lesquels il pouvait remplir un rôle où l'exercice était lui-même en jeu, proposa de se tenir au milieu du cercle pour trouver l'anneau voyageur.

Son amour-propre lui donnait la persuasion qu'il le trouverait facilement, malgré la subtilité des tours et des détours.

Anatole penché, les mains en avant, l'œil au guet, suivait dans ses circonvolutions capricieuses les mouvements indéchiffrables de l'anneau mystérieux. Plus d'une fois, semblable au furet, il s'élançait sur une main perfide qu'on ouvrait à sa demande, mais qui ne laissait voir

qu'un petit intérieur rose, et pas le moindre
anneau dans sa fraîche cavité.

Anatole, qui avait un œil à droite et tàchait
de jeter l'autre à gauche, ce qui était difficile, la
nature humaine ne permettant pas toujours d'a-
buser des plus beaux ornements qu'elle ac-
corde, aperçut deux mains amies qui avaient
l'air de comploter; prompt comme le furet
qu'il représente, il bondit; mais, en furet mal-
heureux, il ne trouve encore que le vide.

Enfin, au bout d'un quart d'heure, fatigué
d'être ainsi courbé, il relève les yeux au ciel
pour se recommander à sa protection, lorsqu'il
aperçoit aux rameaux voisins l'anneau fantasti-
que qui se balançait au souffle du vent et semblait rire de l'impatience d'Anatole.

Anatole, furibond, saisit l'anneau et s'a-
voua vaincu : comme il était fatigué, le jeu se
termina.

LE JEU DE DOMINOS ET LES CAPUCINS.

Je dois vous dire que la famille ou les familles de nos jeunes joueurs devaient venir passer la soirée au château ; or, il était convenable que ces messieurs et ces dames allassent changer de toilette, le jeu et l'action ayant déprécié tant soit peu leurs avantages. Les messieurs, qui ne sont pas aussi coquets que les dames, s'en seraient peut-être bien passés ; mais le désir de plaire à ces dernières et de paraître avec tous leurs avantages excita leurs dispositions.

Lucien, Anatole, Pauline, n'avaient pas à aller bien loin, et furent bientôt prêts. Eugénie même, qui n'avait pas le défaut de certaines dames, qui ont toujours, jusqu'à la dernière minute, quelque chose à remettre ou à attacher, comme un bout de ruban mal noué, une fleur qui manque, un pli défectueux, fut également rapidement habillée. Pendant ce temps, ceux

LES DOMINOS, LES CAPUCINS.

qui étaient au salon profitèrent de l'absence des autres pour jouer aux dominos.

Lucien démontra le jeu.

Il est composé de vingt-huit dominos à deux faces. On en pose un et l'adversaire pose à la suite, d'un côté ou de l'autre, un numéro correspondant. On donne à chaque joueur cinq ou sept dominos. Celui qui n'a pas du nombre demandé dans ses cinq ou sept dominos pêche au tas de dominos non distribués ; celui qui se débarrasse le premier de tous ses dominos fait ce qu'on appelle *domino*. Il est vainqueur ; il compte les points de son adversaire.

Il y a des personnes qui n'aiment pas la pêche, à moins que ce ne soit la pêche au vin, comme Anatole ; dans le premier cas, on se partage le jeu. Dans le second, les gourmands gardent tout.

On fixe le nombre de points qui doit être atteint. Ce nombre étant obtenu par un des joueurs, il gagne la partie.

Après que chacun eut compris l'explication de ce jeu, aussi simple qu'ingénieux, on vint appeler Eugénie ; quelques personnes arrivaient : elle sortit pour les recevoir. Anatole profita de cette absence pour faire de petits châteaux avec les dominos, ce qui était encore un jeu plus facile. Pauline, de son côté, après avoir pris des cartes à jouer, cartes que tout le monde connaît, et dont par conséquent je ne donnerai pas l'explication, s'en était servie pour faire des capucins.

De temps en temps, Anatole soufflait sur les capucins pour les faire tomber, et Pauline soufflait sur le château pour le démolir ; enfin, à force de souffler, on finit par s'essouffler et par y mettre tant d'ardeur, qu'en s'appuyant et se penchant sur la table pour y prendre des forces, la table tomba, emportant dominos, capucins et personnages. On fut obligé de venir au secours d'Anatole, qui était englouti sous ce déménagement inattendu. Il ne s'était fait aucun mal.

Sa jambe, qui passait au milieu de l'encombre-
ment, donna un moyen de sauvetage rapide ;
on le tira par là ; il se remit sur ce pied et sur
l'autre, et alla promptement se donner un coup
de brosse pour revenir faire belle figure, autant
qu'il lui serait possible.

Dès qu'Anatole eut réparé son désordre, il revint avec Lucien, qui proposa de jouer au sphinx.

Ce jeu est composé de dominos qui portent chacun une lettre de l'alphabet. Une personne compose un mot avec ces lettres, puis, brouillant les dominos, donne à recomposer le mot. Lucien composa en secret un mot et en donna les lettres mêlées à Anatole, en lui promettant de lui donner, s'il réussissait, ce que le mot signifierait. Ces lettres étaient P, O, R, I, S, E.

Anatole, qui ne manquait pas plus de moyens que de gourmandise, composa bien vite le mot POIRES, ce qui lui plaisait d'autant plus, que, le mot étant au pluriel et désignant un nombre illimité, il se proposait de les demander excessivement au pluriel, c'est-à-dire en très-grand nombre.

LE SPHINX.

Mais Lucien, qui connaissait aussi le jeu et avait tendu un petit piége au gourmand, lui fit remarquer que si avec les lettres choisies on pouvait former le mot POIRES, on pouvait aussi former le mot ESPOIR, qui était le véritable mot qu'il avait composé.

Comme il y avait doute, et qu'Anatole regrettait beaucoup le premier mot, c'est-à-dire ses bienheureuses poires, mais que Lucien, par intérêt pour la santé d'Anatole, tenait essentiellement à ne lui donner que de l'espoir au lieu de poires, on concilia les deux parties en tâchant de faire comprendre à Anatole qu'il y avait avantage pour lui, parce que l'espoir lui resterait toujours, mais que les poires seraient bien vite dévorées.

Anatole persistait à ne pas comprendre, aimant mieux ce qui était à prendre; alors on le consola en lui donnant l'espoir que le soir l'espoir des poires se changerait en réalité.

Bientôt toute la petite société arriva suivie des papas et des mamans; on se fit de mutuels compliments, on s'embrassa comme après une longue absence, et, quand la connaissance fut ainsi renouvelée, M. Dorville arriva suivi d'Eugénie, qui fit les honneurs avec la grâce naturelle qui la distinguait. Bientôt, s'avançant à la fenêtre et agitant un mouchoir, elle donna un signal mystérieux. Alors, comme par enchantement, le parc fut sillonné de lumières qui se croisaient en tous sens; des ifs couverts de lampions s'allumèrent et éclairèrent des banderoles ingénieuses aux mille couleurs, où les jeux de l'enfance étaient représentés. Des jets de fusées, partant de l'extrémité du parc, donnèrent le signal de la fête; un feu d'artifice magnifique déploya sa majestueuse splendeur. Tout le monde battit des mains à ce spectacle ravissant, ce qui fit dire à Anatole que, sans *artifice*,

LA RONDE.

il trouvait le feu d'*artifice* arrangé avec beaucoup d'*artifice*.

Quand le feu fut terminé, les petits et les grands messieurs offrirent le bras aux dames. Eugénie les conduisit dans un espace circulaire au milieu du parc : là, un orchestre de danses était somptueusement préparé ; de nombreux musiciens attendaient le signal, au milieu de l'éclat des lumières et des girandoles ; pour complément agréable à cet aspect enchanteur, un admirable buffet offrait aux yeux étonnés les plus beaux fruits, parmi lesquels étaient les poires désirées par Anatole, les plus belles tartes, les oranges, les sirops, les sorbets, les biscuits mêlés aux plus beaux bouquets de fleurs.

On offrit un bouquet à chacune de ces dames ; on se plaça pour danser ; les musiciens commencèrent au signal d'Eugénie, et bientôt aux papas et aux mamans, qui avaient daigné ouvrir le bal, succédèrent les danses des jeunes personnes. Les rondes enfantines furent ensuite exécutées au milieu des ris et des transports de joie. On chanta : *Il était une bergère*; puis : *A mon beau château*, ce qui était de circonstance, et les papas et les mamans, formant avec tous les enfants un cercle immense, répétaient ensemble : « A mon beau château ! A mon beau château ! Vive à jamais le château des plaisirs ! »

La collation avait été réservée pour la fin. Avant de se séparer, on y fit grand honneur ; mais Anatole, toujours impatient, avait dit qu'elle lui semblait si agréable, qu'il ne fallait pas attendre la fin et qu'il en mangerait bien sans fin ou sans faim, à volonté. Le petit jeu de mots fut goûté avec autant de complaisance que la collation.

Puisse le lecteur en faire autant de ce petit livre et répéter comme les acteurs de cette histoire enfantine : « Vive à jamais le château des plaisirs ! »

Paris. — Imp. SIMON RAÇON et Cⁱᵉ, rue d'Erfurth. 1.